AF509327

MONOGRAPHIE

DE

L'ÉGLISE DE MAULE

PAR

P. COQUELLE

CORRESPONDANT DU MINISTÈRE DE L'INSTRUCTION PUBLIQUE

MEMBRE DE LA COMMISSION DÉPARTEMENTALE DES ANTIQUITÉS ET DES ARTS

DE SEINE-ET-OISE

VERSAILLES
IMPRIMERIES CERF
59, RUE DUPLESSIS, 59

1905

Intérieur de l'Eglise
de Maule (S.-et-O.)

CARTE POSTALE

Certains pays étrangers n'acceptant pas la correspondance de ce coté se renseigner à la Poste

Correspondance

Adresse

M

MONOGRAPHIE

DE

L'ÉGLISE DE MAULE

I. HISTORIQUE

Vers le milieu du xie siècle, l'abbé Godefroid construisit
à Maule une église pour remplacer un édifice antérieur
probablement élevé au lendemain du sac de la ville par les
normands en 885 et qui ne répondait sans doute plus aux
besoins de la population. L'œuvre de Godefroid, conçue
d'après un plan très simple, ne fut pas achevée par son
fondateur. Un grand seigneur, Pierre de Maule, fils d'Ansold
le Riche, appelait en 1076, dans son bourg des moines
bénédictins de l'abbaye de Saint-Evroult et leur donnait les
deux églises de Maule : Notre-Dame et Saint-Vincent ; une
terre de trois arpents pour y bâtir un prieuré, enfin des
biens assez considérables situés près de la ville. (1)

A peine installé, le nouveau prieur Goisbert, dit le médecin, acheva rapidement l'église commencée par Godefroid. Nous possédons à ce sujet, le témoignage d'Orderic

---

(1) *Orderic Vital* : Historia ecclesiastica lib. XIII. alinéa XIX. donne cette
charte, *in extenso*, avec la date de 1076.

Vital, qui s'exprime en ces termes : « Petro Mainerius
« abbas ibidem Goisbertum priorem ordinavit, qui mox
« parvam ecclesiam, quam Godefredus, magnae simpli-
« citatis et innocentiae presbyter, caeperat, consumma-
« vit. » 1)

Mais cette *petite* église, comme l'appelle le chroniqueur,
fut bientôt tout à fait insuffisante et Goisbert dut la dé-
molir : « Non multo post, monachis intus et extra conva-
« lescentibus, bonis que parrochianis de provectu eorum
« congratulantibus, *destructa veteri aede Santae Ma-*
« *riae*, nova pulchri operis caepta est, et, secundum
« opportunitatem per XX annos, sub Goisberto et Gui-
« dmundo ac Rogerio et Hugone prioribus, eleganter
« peracta est. » 2)

Quelques lignes plus bas, Orderic Vital ajoute : « Tan-
« dem Petrus, senio confectus, II idus Januarii obiit et
« in claustro monachorum secus australem basilicae
« maceriem sepultus requiescit. » (3)

Comme s'il eût désiré établir d'une manière plus pré-
cise encore la part prise par Goisbert à la fondation de
l'église de Maule, Orderic Vital y revient de nouveau dans
l'alinéa XX : « Famosus archiater Goisbertus, postquam
« Manliae basilicam (ut diximus) caepit, cum quibusdam

---

1) On, Mainier, abbé, y consacra comme prieur Goisbert, lequel termina
bientôt la petite église qu'avait commencée Godefroid, prêtre de grande inno-
cence et simplicité.

2) Peu de temps après le nombre des moines augmentant, et par leur
industrie les biens paroissiaux s'accroissant, *on détruisit l'ancien temple de
Sainte-Marie*, et un autre d'une grande magnificence fut commencé, lequel
peu à peu fut élégamment achevé en vingt ans, sous les prieurs Goisbert
Guidmond, Roger et Hugues.

3) *Cf. ci-dessus alib. V, alinéa XIX.*
« Enfin Pierre, accablé de vieillesse, mourut le deuxième jour des ides de
janvier et repose dans le cloître des moines, le long de la muraille méridionale de la basilique. » Ce baron de Maule mourut en l'an 110..

« notis amicis suis, de communi utilitate monasterii sui
« tractare studuit. » (1)

Ces divers textes permettent de fixer, à très peu de
chose près, la date d'édification de l'église actuelle de
Maule. En effet, Goisbert fut nommé prieur en 1076 ; il
termina *mox* (bientôt) la petite église de Godefroid, ce
qui nous mène aux environs de l'an 1080 ; les mots *non
multo post* (peu de temps après) peuvent très bien indiquer, pour le commencement de la nouvelle église, à peu
près l'an 1090. Les vingt ans employés à l'achever s'éten-
draient ainsi jusque vers 1110 ou 1115. Hugues de Gacé,
qui termina l'œuvre, était encore en fonctions en 1118,
date de la mort d'Ansold II, fils de Pierre Ier. Ces dates
n'ont rien d'absolu, nous le répétons, et nous disons seulement que l'église de Maule fut construite dans les dernières années du xie siècle et le premier quart du xiie
siècle. (2)

Une question se pose tout d'abord : faut-il prendre au
pied de la lettre l'expression d'Orderic Vital : *destructa
veteri aede*, et affirmer avec lui que la petite église de
Godefroid fut *complètement* détruite. Une semblable

---

(1) Le fameux médecin Goisbert, après qu'il eut commencé la basilique de
Maule (comme nous l'avons dit), travailla à l'avancement de son monastère
avec le concours de plusieurs de ses amis les plus connus.
    Goisbert était médecin de Raoul de Toeni ou de Conches, porte-étendard
de Normandie ; il se fit moine lorsque son maître partit pour l'Espagne.
Après la conquête de l'Angleterre, Goisbert accompagna Raoul dans ce pays
et vint à Maule en 1076. Il démissionna en faveur de Guidemond et mourut
vers 1087. Orderic Vital, *op. cit.*, liv. V, *passim*.
    (2) Le prieuré et l'église de Maule ne sont mentionnés ni dans le *Gallia
christiana*, ni dans Mabillon, Annales de l'ordre de Saint-Benoit (auquel appar-
tenait le prieuré), ni dans les historiens de la Gaule et de la France, sauf
Orderic Vital.
    Le cartulaire de Saint-Evroult qui se trouve à la Bibliothèque nationale,
manuscrit latin 11056, et n'a jamais été imprimé, ne contient qu'une donation
par Pierre de Maule de 12 deniers par an à l'église et au prieuré, et la confir-
mation par le même, de tout ce que ses prédécesseurs ont donné au prieur.
T. II, f. 11 verso. Prioratum de Maslia (Sans date.)

assertion serait contraire à la réalité des choses : car, de ce
sanctuaire primitif du milieu du xi° siècle, il reste des frag-
ments, sinon très considérables, du moins assez intéres-
sants. Ce sont les parties basses de la dernière travée de
la nef du côté de l'ouest : c'est-à-dire ses piliers et ses
arcades. Nous les décrirons dans la seconde partie de cette
étude (1). Auguste Leprévost, éditeur de l'Historia Ecclesiastica (2), suppose que ces restes sont beaucoup plus
importants et il y comprend les colonnes de toute la nef ;
il existe pourtant entre la dernière travée et les autres
des différences considérables qui ont échappé à cet écri-
vain et qui nous empêchent de partager son opinion ; de
plus, il est impossible de ne pas constater l'homogénéité
qui existe entre toutes les parties des quatre premières
travées, depuis le niveau du sol jusqu'au faîte de la muraille du côté nord.

L'œuvre architecturale accomplie par les quatre premiers
prieurs de Maule est fort belle et fait époque dans l'histoire de l'art roman dans notre pays. Le temps, relati-
vement long, vingt ans, employé pour construire l'église
de Maule, explique les différences que l'on constate entre
ses diverses parties. La nef, séparée des bas côtés par de
lourdes arcades et des colonnes trapues est moins élégante
que le carré du transept et que le chœur avec leurs faisceaux de colonnettes. La crypte et l'abside dénotent également un faire plus affiné et qui appartient notoirement
au premier quart du xii° siècle. Des croisillons et une
tour placée probablement sur l'emplacement de la tour

(1) Voir page 1.
(2) Dans son édition de la partie d'Orderic Vital qui concerne Maule. Manuscrit
à la bibliothèque de Versailles.

actuelle, et dont il ne reste aucuns vestiges, ajoutaient à la beauté de ce sanctuaire et en faisaient, selon l'expression d'Orderic Vital, une véritable basilique.

Dans le courant du xiii° siècle, le bas côté nord fut refait dans le style ogival, ainsi que le portail de la façade ouest.

Nous supposons que l'Eglise Notre-Dame se conserva intacte jusqu'à l'année 1356, époque à laquelle Maule fut prise d'assaut par les bandes de Charles le Mauvais. « Plusieurs gens d'armes, dont les uns étaient anglais et « les autres à monseigneur Philippe de Navarre, coururent « tout le pays jusque près de Paris, à 4 ou 5 lieues ; pil- « lèrent et robèrent dix ou douze lieues de pays et gastèrent « et prirent Maule-sur-Maudre et l'enforcièrent ; on ne sait « pas le nom de leur chef » (1). Au cours du pillage, un incendie, allumé dans l'église, amena probablement la chute de la muraille méridionale de la nef et du croisillon y attenant. Les réparations exécutées par Yvon de Garan- cières, baron de Maule, durent être très sommaires : pour ne pas relever le croisillon détruit, on abattit l'autre croi- sillon, et la muraille sud de la nef fut rétablie sur des arcades refaites en arc brisé, sans triforium ni fenêtres. Le seul document que l'on possède sur l'église à cette époque, est une gravure représentant la ville au xiv° siècle, et dont la mairie de Maule possède un exemplaire. Nous y voyons que l'abside et la tour sont intactes, mais les croisillons ont disparu.

Un siècle et demi s'écoule. Jehan de Morainvilliers édifie

(1) *Les Grandes Chroniques de France*, t. VI, p. 71. Froissard dit que le chef de ces bandes était un Gallois nommé Ruffin.

alors la chapelle Saint-Roch, située sur l'emplacement
du croisillon méridional. Une charte, datée de 1517,
constate que ce baron, « par le congé du prieur de Maule,
a fait construire une chapelle dans ladite église, dans laquelle ses père, mère et enfants sont enterrés » (1). Il
refit aussi les voûtes du chœur et celles des deux premières
travées du bas côté sud.

Un peu plus tard, Guillaume de Morainvilliers entreprit la
reconstruction du clocher primitif. Il fallut vingt ans pour
élever la haute tour que nous voyons actuellement, et qui
fut achevée en 1547.

Les barons de Maule, et les moines du prieuré étaient
enterrés dans l'église, mais les pierres tombales ont disparu
à l'exception de deux dont il sera question plus loin.
D'autres personnes y étaient aussi inhumées, en grand

---

(1) *Archives nationales*, fonds de l'Oratoire : titres du prieuré de Maule. S. [illegible] et [illegible]. Il y a dans le carton [illegible] un extrait sommaire de nombreuses pièces concernant le prieuré de Notre-Dame de Maule. Il commence en [illegible] et va jusqu'en [illegible]. C'est dans cet extrait [illegible] que se trouve [illegible] de [illegible] la fondation que nous venons de rapporter. Toutes les autres pièces ont trait à des donations et transactions ; aucune ne se rapporte à la construction de l'église. Le carton [illegible] ne contient que des baux et actes divers des XVIIe et XVIIIe siècles. Le [illegible] est un registre terrier de [illegible] de la baronnie de Maule.

Nous espérions trouver dans la *collection de pièces réunies par M. Plaisser*, ancien notaire à Maule, et qui se trouve à la Bibliothèque de Versailles, des renseignements assez complets sur l'Église. Notre attente a été trompée. Les deux premières liasses de la collection contiennent des renseignements statistiques, une note sur les fortifications de Maule, une autre sur une pierre tumulaire dont l'inscription est à demi effacée et [illegible] provenant [illegible] des archives de la municipalité, quelques pièces sur l'union du prieuré avec l'Oratoire, des listes incomplètes des prieurs et barons de Maule, des pièces relatives à la succession Billon, des baux et accords, l'épitaphe de Pierre Ier de Maule, une copie d'Orderic Vital pour ce qui concerne Maule. Un mémoire très court sur l'église, il s'arrête en l'an [illegible] et reprend en [illegible]. La troisième liasse contient des pièces relatives au marquisat de Maule, en [illegible] les extraits de Levrier et de MM. de Blois-sur-Mer, [illegible] pièces et notes de Plaisser sur des sujets divers. Enfin, [illegible] articles de reproduction [illegible] l'église au XVIIIe [illegible].

Nous parlerons plus loin de la question si intéressante du chœur, qui remplit plusieurs notes de la collection.

La seule pièce très importante est un inventaire des 64 titres de la terre de Maule, copie du XVIIe siècle, en [illegible] feuillets. Ces titres s'étendent de [illegible] à 1541. Ce sont des aveux, déclarations, ventes, accords, échanges, donations et testaments, sentences arbitrales, etc. Un seul article a trait au monument qui nous occupe, nous le donnons page [illegible].

Cet inventaire ne doit pas être confondu avec l'extrait sommaire des *Archives nationales* ci-dessus mentionné.

nombre, comme le prouve le document que voici : « Le
« sabmedy d'après la Pentecouste, l'an mil III cent, XVII,
« fut un descord (accord) faict entre les relligieux de Saint-
« Evroult du prieuré de Maule et les margliers de l'église
« de Maulle. C'est assavoir que si dorénavent quelque
« ung eusoit sa sépulture en la nef de Notre-Dame de
« Maulle, il n'y pourrait estre inhumé sans le congé per-
« mission et licence ensemblement desdits prieurs et mar-
« gliers de ladite église. » (1)

En 1626, le prieuré de Maule passa au pères de l'Oratoire
et depuis cette époque, les documents relatifs à l'église ne
sont pas plus nombreux que précédemment. Un seul est
aux archives départementales de Seine-et-Oise (2). Son
intérêt nous engage à le publier en entier : « En l'année
« 1640, les seigneurs, curé, procureur fiscal, marguillers
« en charge, sindic et principaux habitants de la Paroisse
« St-Nicolas de Maule, présentèrent une requête aux R.
« P. de l'Oratoire de la Maison de Paris, à laquelle est uni
« le prieuré de Notre-Dame de la Paroisse, exposition que
« la paroisse augmentant considérablement, que les habi-
« tants ne pouvaient aisément entendre le service à cause
« de la petitesse de la nef, qui pour lors servait d'Église
« paroissiale, le chœur appartenant aux R. R. Pères
« comme prieur le curé primitif de cette paroisse, qu'eux
« voulant obliger les habitants y auraient souscrit et au-
« raient accordé l'usage du chœur, le grand autel, à l'excep-
« tion d'un petit autel derrière le grand qui se sont réser-
« vés ainsi que la place qui est entre deux, sous les réserves

---

(1) Inventaire des titres du prieuré de Maule, page 37; dans la collection
Fossé, à la Bibliothèque de Versailles.
(2) Série G, archives ecclésiastiques, liasse 778.

« par eux faitte comme curés primitifs de célébrer l'office,
« prescher et administrer les sacrements aux quatre festes
« solennelles et aux cinq festes de la Ste Vierge. Ce sans
« déroger aussi à tous les droits de séance et autres droits
« honorifiques qui leur sont dûs et encore à la charge
« qu'il ne sera fait aucune sépulture dans ledit chœur sans
« la permission des R. R. P. P. de l'Oratoire.

« Ladite reconnaissance des R. R. P. P. sera passée à
« chaque mutation de curé ou vicaire perpétuel. C'est sur
« ce principe que lesdits marguilliers passèrent le 8 sep-
« tembre 1752, au sieur Vasnier, leur curé, une procuration
« à l'effet de passer cette reconnaissance aux mêmes
« charges énoncées en l'acte de 1640. Elle fut faite devant
« Me Daout, notaire, le 11 du mois de septembre. Mais
« par cet acte les R. P. de l'Oratoire firent ajouter la
« clause suivante : Sous aucune approbation de leur part
« du banc qui a été placé dans le chœur de la dite église
« par MM. de Maulle, attendu qu'il ne peut y estre placé
« aucun, faisant au contraire à ce sujet toutes protestations
« de droit. Ces mêmes prestres de l'Oratoire demandent
« actuellement au nouveau curé, marguilliers et habitants
« une semblable reconnaissance à laquelle ils n'entendent
« pas changer ni réformer aucunes choses, mais les habi-
« tants ne voulant donner atteinte aux droits des Seigneurs
« que cette clause leur a paru suspecte. Ils attendent le
« consentement de leur seigneur ou une intimation de la
« part des Pères de l'Oratoire.

« Les litres où sont posées les armes des seigneurs,
« s'étendent tant au dehors qu'au dedans des églises et
« chœur sans distinction. »

D'un compte rendu fait par le curé de Maule aux marguillers pour les années 1763-64 et 65 il appert que 15 setiers de plâtre furent employés au « rétablissement de l'église » coût 30 livres, plus un millier de tuiles coût 20 livres. La réparation de l'horloge couta 16 livres ; Grandiveau, fondeur, reçut « 120 livres à compte d'une plus grande somme pour la fonte de cloches », une boête pour l'horloge et un banc pour l'église coutèrent 16 livres. (1).

En 1793, le prieuré contigu à l'église de Maule fut vendu comme bien national, ainsi que le presbytère qui était construit derrière l'abside et dont les communs et jardin entouraient le chœur et une partie de la nef. Trois ans plus tard, deux petites vieilles écuries adossées à la partie nord du sanctuaire sont jetées bas et le sieur Crété construit à leur place une maison *qui est encore debout à l'heure actuelle*. Elle s'appuie à l'église et le toit s'élève jusqu'à la corniche du chœur, défigurant ainsi toute cette partie de l'édifice. Un corps de garde et un local pour la pompe à incendie occupaient l'espace entre le portail latéral nord et la base de la tour (2).

L'église était, à la fin de la période révolutionnaire, en fort mauvais état : une somme de 150 livres ayant seulement été dépensée, en 1803, pour la réparer.

En 1828, la toiture fut insuffisamment refaite... ci, 694 f. 29.

Le 4 juillet 1841, le Conseil de fabrique émit le vœu que les murs de la nef fussent réparés, que les bâtisses qui s'adossent à son mur nord fussent démolies ; il

1 Collection Plassier, liasse 3.
2 Tous les renseignements que nous donnons ici sont tirés des Archives municipales de Maule.

demanda aussi que la fenêtre carrée de la chapelle Saint-Roch fût refaite dans le style gothique; enfin qu'on rouvrit les fenêtres de la crypte (1).

Ce vœu, si légitime, resta sans exécution; mais, six ans plus tard, comme le berceau de bois de la nef tombait par morceaux sur la tête des fidèles, il fallut aviser. Cette réparation était estimée à 2,252 f. 25. Le Conseil municipal refusa de l'exécuter; le préfet ouvrit d'office le crédit nécessaire et imposa la commune, le 30 juin 1852. Un conflit administratif résulta de cette mesure; enfin, comme le berceau s'effondrait de plus en plus, le Conseil offrit de le réparer moyennant 533 f. 85 et le préfet accepta, mais le curé Réal s'y opposa et le conflit reprit de plus belle.

Entre temps, la baraque et le local de la pompe à incendie avaient été démolis, dégageant la moitié de la face nord, mais mettant à nu les fondations de la tour; en 1853, on les consolida pour 780 f. 13; à la même époque, le préfet sollicita le classement de l'église comme monument national; trente ans devaient s'écouler avant que ce désir devînt une réalité.

A la fin de l'année 1854, le berceau de la nef n'étant toujours pas réparé et des réfections devenant partout absolument urgentes, le préfet fit établir un devis de restauration générale par l'architecte du département Blondel. Les travaux furent estimés à 15.000 francs, nous verrons de combien cette somme a été dépassée.

Il fallut deux ans pour réunir les fonds nécessaires; le

____

1 Ces deux derniers changements n'ont pas encore été réalisés à l'heure actuelle.

Ministre des Cultes donna 2,500 francs et enfin, dans le courant de 1858, les travaux furent commencés. On refit la croix antéfixe, la rose, les modillons de la corniche et l'entourage des trois baies de la façade ouest: le portail subit une restauration importante, ainsi que les murailles et les contreforts de ce côté. Les murs extérieurs des deux collatéraux et leurs contreforts furent consolidés. La corniche et les modillons du chœur furent remis en état.

A cette époque, la nef et les bas-côtés étaient couverts par un toit unique, comme cela se voit encore à l'église de Meulan. Les travaux de 1858 rendirent à l'édifice son ancien aspect par l'édification d'un toit sur la nef seule, le dégagement des murs du grand comble et de ses baies romanes et la construction d'un toit sur chaque collatéral. Le berceau de bois de la nef, qui avait été la cause d'un long conflit, fut jeté bas et remplacé par des feuilles de tôle peintes en gris à l'intérieur, des tiges de fer furent substituées aux anciens tirants en bois. On adapta cent deux modillons pour soutenir la corniche du berceau de la nef.

Au cours de ces travaux, on s'aperçut que d'autres étaient absolument nécessaires; et on y consacra l'année 1859. Leur importance était considérable, car ils touchaient aux parties les plus intéressantes au point de vue archéologique.

D'abord, la reconstruction de l'intérieur des trois baies de la façade ouest, dont l'extérieur avait été refait l'année précédente; puis le ragrément des arcades de la nef, la réparation des grosses colonnes et de leurs chapiteaux, et la réfection de plusieurs arcatures du triforium; enfin, la remise en état du grand portail à trumeau de la façade nord. Pour donner satisfaction à l'un des vœux contenus dans le projet de réparation de M. Blondel, du 12 février 1856, les plafonds plats des bas-côtés (1) furent remplacés par des berceaux de bois enduits de plâtre.

Toutes ces réparations ont été intelligemment faites et les pièces disparues rétablies d'après le modèle ancien existant.

En 1860, le perron de la porte ouest et la tourelle d'escalier de la tour subirent des réparations.

Voici le coût de ces nombreux travaux :

En 1858...	20.637 fr. 03
En 1859...	11.182 69
En 1860...	1.621 38
Total...	33.441 fr. »

Plus les honoraires de l'architecte.

L'église de Maule avait donc alors à peu près l'aspect que nous lui voyons maintenant.

Huit ans plus tard, on eut la malheureuse idée de couvrir le toit du bas-côté nord avec des feuilles de zinc ; des ardoises ou des tuiles auraient été préférables au point de vue de l'aspect. A ce moment, un tassement inquiétant se produisit dans le pilier qui soutient l'angle nord-est de la grande tour ; mais on remit à plus tard cette sérieuse consolidation.

Le 19 mars 1883, l'église de Maule fut classée comme monument historique. Dès lors, sa destinée devint tout autre et on s'y intéressa davantage. Un projet de travaux

____

(1) A l'exception des deux premières travées du collatéral sud qui étaient voûtées depuis le XVe siècle.

nombreux et importants fut dressé le 6 août 1884, par M. Saint-Anne Louzier, architecte. Voici dans quelle mesure on les exécuta : l'angle de la tour qui menaçait ruine fut repris en sous-œuvre et assuré par un énorme pilier carré exécuté dans le style du XVIᵉ siècle, qui est celui de la tour ; on pava le pourtour de l'église pour faciliter l'écoulement des eaux pluviales. Ces travaux et quelques autres, moins importants, coûtèrent 7,788 fr. 59.

Sept ans plus tard, on dépensa encore 11.017 fr. 65 pour la réfection du sommet de la tour, pour pavage et réparation au mur du bas-côté sud, au grand comble de la nef et du chœur. Enfin, en 1900, l'abside fut dégagée par le percement d'une rue nouvelle se détachant de la place du Marché. Coût : 3.761 fr. 18.

Si on additionne le prix des réparations et restaurations exécutées à l'église de Maule depuis 1858, on arrive au chiffre considérable de 69,028 fr. 60.

II. — DESCRIPTION DE L'ÉGLISE.

Chronologiquement, l'église de Maule est d'un demi-siècle environ antérieure à celles de Meulan et de Poissy, ses voisines, qui datent, la première de 1130 à 1150 : la seconde de 1131-1132.

Bien qu'appartenant comme elles au style roman, elle s'en distingue nettement par son plan et par son ornementation. Elle posséda un transept. Meulan n'en eut jamais, la collégiale de Poissy n'a que de faux croisillons(1) ;

1 Anthyme Saint-Paul, *Poissy et Montcavrel*, Mémoires de la Société historique du Vexin, t. XVI, et E. Lefèvre Pontalis, *L'Église de Meulan*, Bulletin de la Commission des Antiquités de Seine-et-Oise, t. VI.

ses sculptures dénotent un art moins affiné mais d'une variété plus grande. Aussi fait-elle époque dans l'histoire de l'architecture romane de l'Ile-de-France, si on en excepte les additions de l'époque gothique et de la Renaissance.

La partie la plus ancienne est la nef (1), qui n'a jamais été voûtée; son orientation est normale, avec une inclinaison de près de 20 degrés vers le nord. Elle a cinq travées; celle de l'extrémité occidentale, c'est-à-dire la plus rapprochée du portail, est plus ancienne que les autres. Elle a appartenu à la petite église construite par Godefroid, au milieu du XIᵉ siècle. Bien que d'une largeur identique aux travées plus récentes, elle s'en distingue nettement par ses parties basses. Deux piliers carrés et deux pilastres la limitent, et dans les faces latérales de ces supports, des colonnes sont engagées : les cinq chapiteaux (2) qui les couronnent sont d'une facture barbare, ayant le cachet du roman primitif.

Leur corbeille est très haute. Les trois chapiteaux du côté gauche ont de larges volutes aux angles et au-dessous une ceinture de longues feuilles d'eau, aux pointes rabattues. Le tailloir a une rangée d'étoiles en creux. Deux d'entre eux ont été refaits en 1889, mais leurs tailloirs sont nus. Les chapiteaux du côté droit de la travée sont d'un tout autre genre et ne se ressemblent nullement entre eux. L'un porte quatre feuilles d'eau très larges et droites, gauchement sculptées, leurs nervures sont saillantes et leurs

---

(1) Dimensions intérieures de la nef : [illegible] longueur [illegible]

(2) Le sixième chapiteau a été remplacé par une [illegible] de [illegible] style. Un des chapiteaux des colonnes engagées [illegible] primitive se trouve actuellement dans le [illegible] du presbytère de Marolles, [illegible] semblable à ceux du côté gauche de la travée. On y voit aussi [illegible] autre chapiteau qui provient vraisemblablement de l'église Saint-Vincent de Marolles, construite dans la première moitié du XIIᵉ siècle et détruite en [illegible].

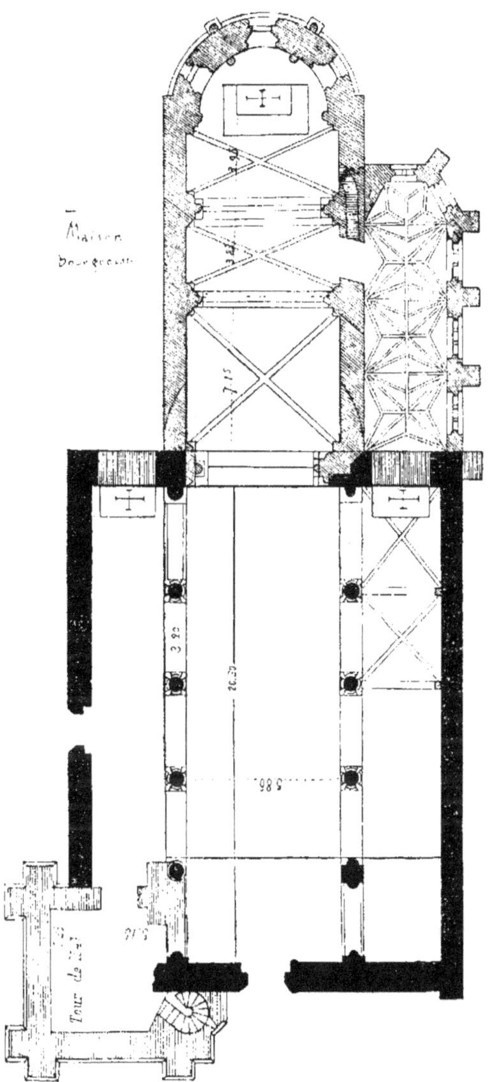

Maison
bourgeoise
Tour de l'est

bords ornés d'un zig-zag, ressemblant assez à une frette
crénelée. Une étoile en creux, montée sur une sorte
de massue, posée la pointe en bas, sépare ces feuilles. Le
tailloir a une rangée d'étoiles. Le dernier chapiteau de cette
travée primitive a quatre volutes aux formes très accen-
tuées et, entre leur base et l'astragale, des protubérances
font saillie. Elles sont courtes et en dos d'âne, la partie
tournée vers le sol a une nervure. L'artiste a voulu repré-
senter des pointes de feuilles de nénuphar. Entre chaque
volute, deux étoiles tracées en creux dans des rectangles,
sont superposées. Le tailloir, refait de nos jours, est nu.
Nous attirons l'attention sur ce chapiteau, car il a servi de
modèle pour tous ceux des quatre travées suivantes de
la nef.

Les deux arcades en plein cintre de cette travée primitive, sont à double voussoir nu, le voussoir supérieur ne
faisant qu'une très faible saillie sur l'autre. L'arcade nord
est en partie remplie par le pilier nord-est, renforcé de
la base de la tour du XVI⁰ siècle (1) : ces arcades ont dix
centimètres d'ouverture de moins que les autres qui sont
moins anciennes.

A partir de cette travée, commence la construction de
Goisbert et de ses trois successeurs. Les supports sont
différents : ici, plus de piliers cantonnés, mais des colonnes
isolées, courtes et trapues. Elles sont au nombre de trois
sur le côté nord, plus une quatrième engagée dans la
muraille au point où commence le chœur. Leurs chapiteaux sont la reproduction de celui que nous venons de
décrire en dernier lieu, avec des protubérances en dos

---

(1) Voir page 13, au sujet du renforcement de ce pilier.

d'âne; seulement, les corbeilles sont beaucoup moins
hautes. Les tailloirs manquent de la rangée d'étoiles, mais,
comme ils ont été retaillés de nos jours, il n'est pas impossible qu'ils aient eu autrefois cette ornementation. Actuellement, ils sont formés d'un méplat nu, sur deux baguettes
séparées par une gorge. Les bases de ces quatre supports
présentent un tore aplati et aux angles des feuilles de
nénuphar ondulées : des feuilles à peu près semblables
ornent les socles des colonnes de l'église de Saint-Germer
et de Saint-Etienne de Beauvais.

Les quatre arcades qui joignent ces supports avaient,
à l'origine, deux voussoirs : mais, par suite de restauration peu scrupuleuse, trois n'en ont plus qu'un seul,
la plus rapprochée du chœur a seule conservé son profil
primitif.

Au-dessus des cinq arcades du côté nord de la nef, se
déroule un triforium obscur, qui est une des particularités
les plus remarquables de l'église de Maule.

Il se compose de dix-huit petites arcatures à un seul
voussoir nu, retombant sur des colonnettes courtes dont
les chapiteaux présentent une extrême variété : feuilles
d'eau droites ou à volutes, masques grotesques rudement
taillés, enlacements, lions, zig-zags. Deux astragales sont
d'un câblé, les autres d'un tore. Ce triforium entourait
autrefois la nef tout entière ; actuellement, il n'existe plus
que sur la muraille nord, l'intérieur de la façade et la première travée de la muraille sud. Nous remarquerons que
les arcatures du triforium sont séparées, de quatre en
quatre, par un petit pilastre carré à imposte.

La partie supérieure de la muraille nord est éclairée par

***

quatre grandes baies en plein cintre et à voussoir nu, limitées par des colonnettes à chapiteaux de volutes et d'entrelacs. Ces baies sont actuellement masquées aux trois-quarts par les toits du bas-côté ; elles sont placées à peu près au-dessus des quatres grosses colonnes du bas. Les colonnettes du triforium et des baies ont à la base un tore aplati semblable à celui des grosses colonnes de la nef, mais sans griffes aux angles. Des corbeaux modernes (1858), formés d'un tore sous un méplat, soutiennent une large corniche, sur laquelle s'appuie le berceau plein cintre en bois recouvert de feuilles de zinc (1).

Le côté ouest de la nef, qui surmonte le portail principal, a trois fenêtres semblables à celles du côté nord de la nef que nous venons de décrire, et au-dessous la continuation du triforium obscur.

Si les murs nord et ouest du vaisseau ont conservé leur aspect primitif, il n'en est malheureusement pas de même de celui du sud, renversé sans doute lors de l'incendie de 1356. Il n'en reste que la première travée, du côté de l'ouest, dont les parties basses ont appartenu à l'église de Godefroid, du milieu du xie siècle, et que nous avons décrites plus haut (2). Cette travée est également surmontée par un fragment du triforium, composé de quatre arcatures ; au-dessus, il n'y a pas de fenêtre.

Aussitôt après tout change de forme, et on rencontre la grande et déplorable lacune qui dépare l'église de Maule.

Les trois grandes arcades qui suivent sont brisées à la clef ; elles sont lourdes et nues, n'ont qu'un seul vous-

---

(1) Ces feuilles de zinc peintes en gris, font un très-mauvais effet. Un berceau en chêne, comme ceux des églises [illegible] eût été [illegible] préférable.
(2) Voir plus haut.

soir, et retombent sur des chapiteaux très épais, formés d'une superposition de méplats et de talons. On se demande où l'architecte a pris leur modèle; ils n'appartiennent à aucun style connu, et sont antérieurs à la restauration de 1859. Nous supposons que, lorsque les arcades en ogive ont été reconstruites sur les anciennes colonnes à la suite de la démolition de la muraille en 1356, ces colonnes avaient encore leurs chapiteaux primitifs semblables à ceux du côté nord de la nef. Beaucoup plus tard, ces chapiteaux s'étant abimés, on les remplaça par ceux que nous voyons actuellement. On ne peut préciser la date de cette funeste réparation, mais son manque de goût absolu pourrait bien indiquer le XVIIe siècle. Les futs des colonnes sont par bonheur identiques à ceux du côté nord de la nef et de la même époque; les socles de base portent des rubans ondulés aux angles. Peut-être ces socles ont-ils été retravaillés.

Au-dessus des trois arcades en ogive du côté sud, la muraille est absolument nue, ni triforium, ni fenêtre, n'en rompent la monotonie; la corniche du haut est moderne comme celle de la muraille opposée.

Le bas-côté nord appartient, comme nous l'avons déjà dit, à l'époque gothique. A l'intérieur, il ne présente aucun intérêt, un berceau de plâtre datant de 1859 le recouvre en entier. Deux grands oculi et une baie en ogive l'éclairent. Les deux premières travées (côté chœur), du collatéral sud appartiennent au XVe siècle, et sont presque contemporaines de la chapelle Saint-Roch dont nous allons parler bientôt. Leurs voûtes, sur croisée d'ogives aux branches à nervures prismatiques, sont à peine plus hautes que les arcades qui séparent le bas-côté de la nef. Une jolie rosace à redents et soufflets entourant un écusson, orne la clef de l'une de ces voûtes, l'autre a un simple écu soutenu par un ange. Les armoiries qui décoraient autrefois ces écussons ont disparu. Une vaste baie en ogive au remplage flamboyant donne du jour dans la première travée, la seconde a une fenêtre moderne en plein cintre. Quant au reste du collatéral, il n'a pas de style ; c'est un berceau moderne en plâtre, éclairé par deux ouvertures semi-circulaires.

Passons au chœur, légèrement dévié à droite, et auquel on accède en montant trois marches. Sa construction succéda immédiatement à celle de la nef ; et remplit les dernières années consacrées à l'édification de l'église, soit de 1110 à 1115. Ce sanctuaire a trois travées et une abside. La première travée, faisant suite à la nef, n'est autre que l'ancien carré du transept ; elle mesure, en effet, 7 mèt. 15 de longueur, tandis que les deux suivantes n'ont respectivement que 3 mèt. 85 et 3 mèt. 95, la largeur est uniformément de 5 mèt. 85, comme la nef. Les deux bras du transept n'ayant pas été reconstruits après l'incendie de 1356, l'ancien carré du transept a été fermé sur les deux faces latérales par un mur percé de baies en arc brisé, celle du côté nord refaite par la suite et diminuée dans ses proportions.

On ne peut avoir aucun doute au sujet de la destination primitive de cette vaste travée, car on retrouve, dans sa muraille méridionale les sommiers et les premiers claveaux de l'arcade de large ouverture qui autrefois ouvrait le passage avec le croisillon. A l'intérieur de la travée deux amorces, nettement visibles, témoignent de l'existence de cette arcade ; enfin dans la muraille du bas-côté sud on voit encore une partie de la retombée d'une arcade qui joignait le croisillon à ce bas-côté. Nous ajouterons que la grandeur inusitée et anormale de la première travée du chœur est une dernière preuve concluante. Cette travée n'a point servi de base à un clocher central ; les faisceaux de colonnettes qui le limitent sont trop minces pour avoir jamais pu porter un étage supérieur couvrant une aussi vaste surface.

On est frappé quand on considère le chœur de l'église de Maule, de son peu d'élévation ; il est beaucoup plus bas que la nef et il semble bien qu'il ait été conçu ainsi par les prieurs qui l'ont édifié, conformément aux traditions architectoniques d'une époque où les sanctuaires n'avaient pas encore pris un développement considérable. Il ne faut pas perdre de vue non plus que ce chœur ayant eu à l'origine des voûtes en berceau, on n'a pas osé porter trop haut ses murailles à cause de la pression très considérable exercée par ce genre de voûtes. Le chœur de l'église voisine de Juziers ne saurait être pris comme terme de comparaison, car il fut ajouté au milieu du xiie siècle à un édifice de 1055 (1).

L'arc triomphal est formé par un énorme bandeau rectangulaire sans ornements, flanqué de deux gros boudins, retombant de chaque côté sur une colonne et deux colonnettes engagées (2), dont les chapiteaux à rinceaux, volutes et feuillages étagés, sont d'intéressantes sculptures du début du xiie siècle.

---

(1) E. Lefèvre Pontalis. *Juziers*. Bulletin de la Commission des Antiquités, t. V. p. 100.
(2) L'une de ces colonnettes a été remplacée par un support carré en maçonnerie.

Sous la pression de la maçonnerie supérieure, le triomphal, qui au début, était très probablement surélevé, ce qui faisait paraître le chœur moins bas, a pris la forme d'une anse de panier que nous lui voyons actuellement, et la voûte de la première travée s'est trouvée en danger. On a dû profiter de cette circonstance pour refaire les voûtes du chœur tout entier. Seulement, afin d'éviter la réfection complète du triomphal, le maître d'œuvres a trouvé plus simple d'établir les nouvelles voûtes un peu plus bas que les anciennes. Ce travail porte le cachet du xvie siècle. Les branches d'ogives formées d'un tore très mince sont fort peu bombées, et leurs retombées se glissent sans solution de continuité apparente dans les anciennes colonnes et colonnettes de la construction romane.

On a eu l'idée de placer de légers rinceaux au sommet de quelques-unes des colonnettes, une sculpture imitant un parchemin déroulé surmonte ces rinceaux (1). Les trois arcs doubleaux du chœur sont formés d'un seul tore, deux ont la forme d'une anse de panier, le troisième celle d'un arc très légèrement brisé.

Les clefs de voûte de l'abside et de deux travées portent chacune un monogramme qui a donné lieu, il y a un demi siècle, à une plaisante interprétation.

Les voici :

DUS - JHS - REX

N'importe qui lira : Dominus Christus Rex.

----

(1) Un semblable abaissement de voûte a été exécuté à la même époque dans le chœur et de l'église voisine de Saint-Nicolas de Meaux, mais pour des motifs différents : ici les contreforts trop faibles avaient cédé sous la pression des voûtes.

L'ancien notaire de Maule, Filassier, découvrit tout autre chose, et la collection portant son nom contient plusieurs notes relatives à ce monogramme. A force d'ingéniosité, il lut ceci : « Le premier monogramme indique que c'est la maison du seigneur ; le deuxième qu'elle fut faite en 1118 ; le troisième, par Pierre, seigneur souverain de Maule, où il avait bon nombre d'hommes de guerre. »

« Domus » passe encore, mais lire 1118 dans le monogramme du Christ !

Le Prévost, auquel Filassier avait communiqué sa lecture, lui écrivit pour le détromper (1) et lui donner la véritable signification ; mais l'ancien notaire tint bon, ne voulut jamais convenir de son erreur et, seize ans plus tard, écrivait encore à Mme de Mercœur pour soutenir son opinion (2).

L'abside est éclairée par trois vastes baies romanes à colonnettes intérieures, contemporaines de l'église du xiie siècle, la première travée, lui faisant suite, en a deux semblables, mais plus petites ; la seconde travée est ajourée de deux fenêtres refaites dans un joli style flamboyant ; nous avons déjà dit que deux ouvertures en arc brisé sans remplage éclairaient la grande travée du chœur ou ancien carré du transept. Au-dessous des baies de l'abside, se trouvent sept hautes arcatures, prises dans l'épaisseur de la muraille, et qui constituent une des curiosités de cette église. Leurs voussoirs touchant presque la base des fenêtres sont d'un seul ressaut, en plein cintre, et retombent sur des chapiteaux identiques à ceux qui sup-

---

(1) Collection Filassier, liasse 2 ; Le Prévost à Filassier, 2 décembre 1890.
(2) Collection Filassier, liasse 2, Filassier à Mme de Mercœur, novembre 1856.

portent l'arc triomphal ; savoir : tailloir carré et rinceaux, surmontés de volutes aux angles. Des colonnettes adossées les soutiennent. La première arcature de droite et la moitié de la suivante ont été mutilées pour l'établissement d'une vaste piscine du xiiie siècle.

Malheureusement, une boiserie cache ces arcatures, qui complètent si bien le sanctuaire, et que l'on peut comparer avec celles de Juziers, en n'oubliant pas toutefois que ces dernières sont d'un demi-siècle plus jeunes et partie en arc brisé, partie en plein cintre.

A la place du croisillon nord s'élève une maison bourgeoise qui s'appuie contre la muraille du chœur ; celui du sud a été remplacé par la chapelle Saint-Roch, construite par Jehan de Morainvilliers, en 1517, et qui est un spécimen très pur et très intéressant de l'architecture gothique sur son déclin (1). Elle est parallèle au sanctuaire de l'église et a trois travées et un chœur à trois pans. Le chœur est éclairé par deux baies simples au remplage flamboyant ; la première travée a une fenêtre du même style, mais avec un meneau : la baie de la seconde travée est bouchée, celle de la troisième est malheureusement remplacée par une ouverture carrée et grillée comme une fenêtre de prison. Les voûtes sont la partie la plus remarquable de la chapelle Saint-Roch : un réseau de nervures prismatiques à arêtes aigues les soutient, le remplage est en briques rouges. toutes les branches, ainsi que les doubleaux retombent sur des culots pentagonaux ornés de feuillage, les clefs des voûtes ont des rosaces.

Cette chapelle sert actuellement de sacristie : elle com-

---

(1) Longueur, 11m.40 ; largeur, 7m.52.

munique avec le chœur de l'église par une porte sans
style ; à droite de cette porte, une étroite ouverture donne
accès dans l'escalier de la crypte.

III. LA CRYPTE

La crypte de Maule est une des plus remarquables de
l'Ile-de-France, elle présente sur les autres, l'avantage
d'être complète et homogène dans toutes ses parties, de
n'avoir subi aucune modification, ni aucune mutilation
depuis l'époque de sa construction (1105-1110).

La crypte romane de Cormeilles-en-Parisis a presque
complètement changé de caractère (1). Celle de Saint-
Léger de Soissons n'a plus que deux nefs à deux travées
chacune ; au Mont-Notre-Dame, dans le Soissonnais, il ne
reste qu'une seule nef (2). Ces trois cryptes sont à peu
près contemporaines de celle de Maule.

La crypte de la Basilique de Saint-Denis, bâtie en 1140-
42 par Suger, sur l'emplacement et en partie, avec les
matériaux, d'une plus ancienne, a perdu son cachet primitif par suite des restaurations faites au XIIIe et au
XIVe siècles ; plusieurs chapiteaux romans ont même été
retaillés (3).

La crypte de Maule n'est qu'à demi souterraine, car
l'église est construite sur une déclivité très accentuée du
sol. Elle épouse très exactement les formes de l'abside et
des deux premières travées du chœur. Sa longueur est de

(1) Elle est privée de son abside et n'a plus que les nefs du centre et du
nord ; la première est romane avec voûtes surcroisée d'ogives, la seconde
est du style flamboyant. Cette crypte est plus petite qu'à Maule.
(2) E. Lefevre Pontalis. *L'arch. religieuse dans l'ancien diocèse de Soissons*
(3) De Guilhermy. *Monographie de l'église royale de Saint-Denis*, pp. 16-17.

— 26 —

10^{m}23, sa largeur de 6^{m}50. La hauteur des clefs de voûte est de 2^{m}80. Deux rangées de quatre colonnes chacune la divisent en trois nefs : celle du milieu de 20 cent. plus large que les autres (1).

Les deux travées de l'extrémité occidentale sont de 50 cent. plus étroites que les suivantes. L'abside cir-

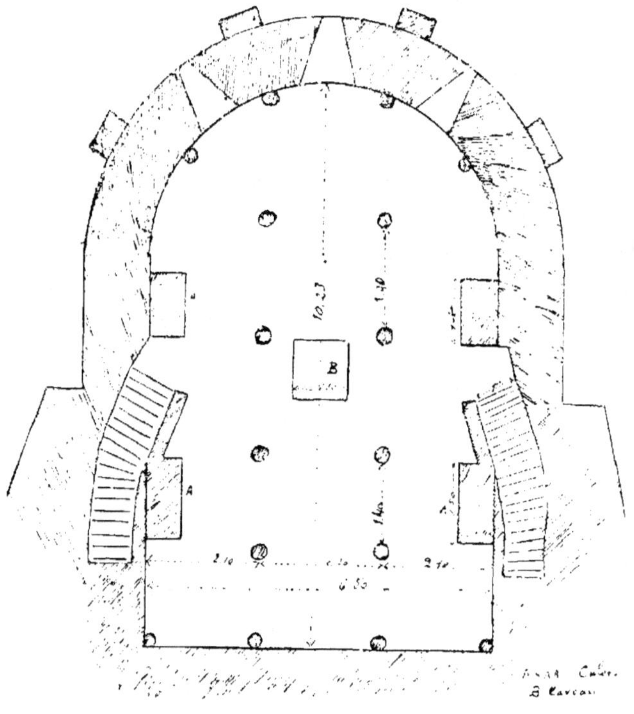

(1) On retrouve exactement la même disposition dans la crypte de l'église Notre-Dame de Boulogne-sur-Mer. Les chapiteaux sont à peu près semblables à ceux de Maule. Les dimensions sont plus vastes, soit 7 mètres sur 9,20, mais la terminaison de la nef centrale manque. Date de construction vers 1165, comme Maule.

(1) C. Enlart. Archit. romane dans la région picarde, p. 148.

culaire et l'autre extrémité de la crypte, qui est carrée, ont
chacune quatre colonnes engagées dans leurs parois. Le fût
monolithe des supports n'a que 0^m95 cent. de circonfé-
rence. Leur base est attique, avec les deux tores séparés
par une gorge et le socle carré sans griffes aux angles.
Sept chapiteaux ont des godrons, deux des volutes, un
des rinceaux ; un autre, particularité rare, porte des godrons surmontés d'un rinceau : un autre a un masque
humain surmontant un ours qui marche la tête en bas ;
quatre corbeilles enfin ont leurs sculptures effacées. Des
épais tailloirs carrés soutiennent les retombées des voûtes,
qui sont toutes romanes d'arêtes avec la clef surlevée,
comme celles de la crypte romane de Nesles (Somme)(1).

Un jour discret pénétrait autrefois dans ce sanctuaire
par trois petites baies à plein cintre, très largement ébra-
sées à l'intérieur : l'une située au-dessus de l'autel est
légèrement plus grande que les autres placées à droite et
à gauche de celle-ci et en haut des nefs latérales. Ces
baies sont actuellement bouchées avec du plâtre et des
cailloux.

Deux lourdes arcades en segment de cercle ont été
bandées en travers des voûtes dans un but de consolidation à l'époque de la réfection des voûtes du chœur, soit
au XVIe siècle : elles s'appuient sur quatre grosses culées
adossées aux parois latérales de la crypte, et ne nuisent
pas à la perspective.

Sous la baie du milieu de l'abside, un pan de mur de
1^m50 de longueur sur 0^m80 de hauteur servait à appuyer

---

(1) Contemporaine aussi de celle de Maule, [...] a trois nefs avec
3 chapelles absidiales.

une table d'autel malheureusement disparue. Sur cet autel étaient exposés à la vénération de nombreux pèlerins, la relique des cheveux de la Vierge donnés à Ilger Bigaud, lieutenant de Tancrède, par les fidèles de Jérusalem, le jour de la prise de la Cité Sainte par les Croisés. Bigaud offrit deux de ces cheveux au moine chartrain Ernauld, son cousin, qui en fit présent à l'église de Maule (1).

Pour éviter l'encombrement et faciliter l'écoulement des fidèles venant vénérer cette relique, on les faisait descendre par l'un des deux escaliers de la crypte et remonter par l'autre. Ces deux escaliers existent encore, et sont placés symétriquement: ils débouchent dans la partie médiane de chaque face latérale et aboutissent dans la deuxième travée du chœur: l'entrée de celui de gauche a été murée à son débouché supérieur.

Au milieu de la travée centrale de la crypte s'ouvrait un caveau funéraire, actuellement comblé, mais dont on voit encore l'entrée, marquée par un encadrement de pierres et un léger abaissement du sol, mesurant $1^m 10$ sur $0^m 80$.

IV. EXTÉRIEUR DE L'ÉGLISE

Les parties les plus intéressantes que présente l'extérieur de l'église de Maule, sont : l'abside, la façade ouest et la tour.

La première appartient à la construction du XIIe siècle, elle

____

(1) Orderic Vital, *Historia ecclesiastica*, lib. III, al. ... Pendant la Passion la Vierge s'arrachait les cheveux; des saintes femmes les recueillirent et les donnèrent à Jean. Jusqu'en 1099 ces reliques furent pieusement conservées sous un autel de l'église du Saint-Sépulcre. Bigaud emporta les cheveux en France et les distribua à des prélats et à des monastères.

est circulaire, conformément aux traditions habituelles de l'Ecole romane, et on y distingue actuellement deux étages : celui du bas, avec les trois petites baies bouchées, correspond à la crypte, qui, par suite de la pente du terrain, forme ici un rez-de-chaussée ; l'autre étage est le chœur de l'église. Deux contreforts plats soutiennent le premier étage jusqu'au niveau du bas des trois grandes baies en plein cintre qui éclairent le sanctuaire. Ces baies sont séparées par deux colonnes engagées reposant sur le sommet des contreforts. La baie du milieu est un tiers plus large que les autres, toutes trois ont un double voussoir de pierres nues, deux colonnettes ornent leurs pieds droits. Malgré les ravages du temps, on aperçoit encore sur leurs chapiteaux des bizarres sculptures, de vagues profils de quadrupèdes et des dessins géométriques.

Au point où l'abside se raccorde avec le chœur, il y a deux gros contreforts à glacis, postérieurs au xiie siècle, ils supportent des colonnes engagées semblables à celles dont nous venons de parler, mais moitié plus courtes. Les quatre colonnes de l'abside ont pour couronnement des débris de chapiteaux, vaguement ioniques (1).

Une série de modillons à têtes humaines grimaçantes soutient la corniche du toit du chœur et de toute la nef. Les deux baies romanes qui éclairent la première travée du chœur, ont à l'intérieur de l'église des colonnettes comme nous l'avons déjà dit, mais à l'extérieur elles en sont privées.

---

1. L'un de ces morceaux de chapiteaux introduits entre le haut du fût de la colonne et la corniche du toit est spécifié dans le mémoire de la réparation de 1834. Archives municipales de Maule.

Le rez-de-chaussée de la tour était, croyons-nous, destiné à former une chapelle funéraire pour les seigneurs de Maule et à devenir l'amorce d'un nouveau bas-côté nord, comme cela se voit dans plusieurs églises restaurées et élargies au xvie siècle (1) : l'arcade orientale de la base de la tour est plus large que le bas-côté correspondant de la nef ; elle traverse la muraille extérieure et apparaît au dehors de l'église. La tour s'appuie sur des solides piliers carrés de maçonnerie, surmontés de chapiteaux ioniques ; les quatre arcades ont à l'intrados des caissons ornés de rosaces très bien exécutés ; le jour pénètre dans le rez-de-chaussée par des fenêtres doubles à plein cintre ; celles du côté nord ont été bouchées. Une voûte sur croisée d'ogives, avec un tore aminci aux branches et une vaste ouverture circulaire au centre pour le passage des cordes des cloches, couvre le rez-de-chaussée.

L'extérieur de la tour offre les deux manifestations du style de la Renaissance, ce qui semble indiquer que son édification remplit le second quart du xvie siècle. La partie inférieure porte le cachet de la Renaissance française, la partie supérieure celui de la Renaissance italienne. Les deux premiers étages sont peu élevés, et la monotonie de leurs murailles n'est rompue que par de longues lucarnes rectangulaires privées d'ornements.

Le troisième étage, presqu'aussi haut à lui seul que les deux autres, dénote une plus grande recherche architecturale. Il est ajouré sur chaque face par deux hautes baies, séparées par des pilastres cannelés, formés chacun de

(1) Cf. Louis Régnier, *La Renaissance dans le Vexin*.

deux ordres différents superposés. Celui du bas, très long, a des chapiteaux ioniques, celui du haut, de médiocre élévation, en a de corinthiens.

Cette disposition originale en pilastres d'ordres superposés, se retrouve dans les huit contreforts qui soutiennent l'étage supérieur de la tour. Par contre, au rez-de-chaussée et aux deux premiers étages, les contreforts à glacis très peu saillants sont ornés de vingt supports et d'autant de dais d'une très délicate exécution, qui rappelle le faire de l'époque flamboyante. Des statues les décoraient originairement, elles ont été détruites à la Révolution, sauf cinq qui sont encore debout, mais fort abîmées. Celle de Saint-Laurent porte sur le support l'inscription 1547, date de l'achèvement de la tour, par le riche et puissant Robert de Harlay, baron de Maule.

Un escalier à vis, placé dans une tourelle octogonale accolée à la face sud de la tour, conduit aux étages ; elle se termine par un dôme surmonté d'une urne. Cette tourelle porte à sa partie médiane un curieux cadran solaire ; le cadran, de forme demi-cylindrique, et l'aiguille sont taillés dans le même bloc de pierre.

La plate-forme de la tour est ornée de gargouilles et a des pyramidillons à chaque angle.

La tour de Maule, une des plus belles que l'architecture de la Renaissance ait laissées dans l'Ile-de-France, et haute de 36 mètres, n'est malheureusement pas proportionnée à l'église, qui semble écrasée par sa masse.

A part les baies flamboyantes de la chapelle Saint-Roch et de celle de la Vierge, la face sud de l'église est, comme nous l'avons dit plus haut, une réfection moderne peu intéressante : les modillons de la corniche du toit sont de simples cubes.

La façade de l'ouest, où se trouve le portail principal, appartient aux styles des XIIe et XIIIe siècles : entre une petite rose et trois fenêtres romanes aux colonnettes à chapiteaux à volutes, se déroule une corniche supportée par des modillons très variés de têtes humaines et d'animaux.

Le portail, moins grand que celui de la façade nord, est d'un ogival élégant : tores minces aux deux voussures, archivolte de violettes, colonnettes aux chapiteaux à crossettes, rangées de têtes de choux sur les pieds droits, tympan uni, tels sont ses caractères.

L'ensemble de la façade nord est disparate et choquant : une maison bourgeoise masque le chœur, le toit du collatéral trop surélevé, cache aux trois quarts les baies de la nef ; les contreforts sont de vilaines culées sans glacis. Ces imperfections sont, il est vrai, rachetées, dans une certaine mesure, par les deux grands oculi entourés d'un tore délicat, une fenêtre ogivale à colonnettes aux chapiteaux à crossettes, enfin un vaste portail à trumeau donnant accès dans le collatéral. Il a trois voussures formées de tores élégants, qu'embrasse une archivolte de feuillage, et dans chaque jambage trois colonnettes menues portent des chapiteaux variés.

Le tympan et le trumeau sont absolument nus. Ce portail, qui date du XIIIe siècle, a été restauré en 1880 ; malheureusement l'architecte n'a utilisé qu'un seul des chapiteaux primitifs, celui qui a des feuilles droites en double rangée, les cinq autres, avec feuillage de fantaisie, bustes et têtes humaines sont mauvais et déparent le portail. Il eût été pourtant si facile de trouver des modèles authentiques.

L'église de Maule, qui présente un intérêt archéologique incontestable, ne possède pas d'objets mobiliers anciens. Tout est moderne, mais quelques tableaux sont à noter : d'abord, un magnifique Christ de Ph. de Champagne, dans le chœur, un autre qu'on dit être de Poussin, et quelques toiles de provenance inconnue.

Deux grandes pierres tombales assez abîmées s'appuient au mur de la chapelle de la Vierge ; on y voit l'image de deux barons de Maule avec leurs femmes. Celle de droite, couvrait la tombe de Louis de Morainvilliers, mort en 1474, celle de gauche, est celle du Jehan de Morainvilliers, le fondateur de la remarquable chapelle Saint-Roch, décédé en 1521.

Nous avons cherché en vain la dalle tumulaire de Robert de Harlay, mort en 1560, mentionnée dans une note de M. Troussel, contenue dans la collection Filassier (1).

Du prieuré de Maule, détruit à la Révolution, il ne reste qu'une salle basse, très intéressante, du début du XIII⁰ siècle. Elle mesure 9ᵐ70 dans chaque sens et est éclairée faiblement par deux soupiraux, autrefois, il y en avait deux de plus. Quatre voûtes sur croisée d'ogives à clefs très surlevées la couvrent ; leurs retombées portent, les unes, sur des culots, les autres, sur une colonne centrale. Ce support, haut de 1ᵐ80, est orné d'un chapiteau à quatre larges feuilles de nénuphar au galbe très prononcé

---

1 Collection Filassier liasse 1. Les tombes furent profanées en 1793, on prit le plomb des cercueils, les cendres furent jetées au vent. Note de M. Troussel.

et d'une vigueur d'exécution surprenante : elles embrassent la corbeille tout entière. Le tailloir octogonal a un méplat sur un chanfrein. Les huit culots portent des feuilles de nénuphar, des feuilles d'eau droites ; quelques-uns sont de simples saillies trapézoïdes à base arrondie. Les quatre doubleaux qui séparent les voûtes et les branches de celles-ci sont d'épais bandeaux aux angles abattus, caractéristiques de la première époque de la période gothique.

On descend dans cette salle (1) par un escalier droit de dix-huit marches, et en franchissant une porte en arc brisé privé d'ornements. Cette salle rappelle l'étage inférieur et souterrain de la Grange-aux-Dîmes de Provins, qui est de la même époque, mais couvre une surface beaucoup plus vaste, car il a trois nefs. Ce souterrain n'est pas dallé et l'on y conservait les provisions du prieuré de Maule.

Des fouilles exécutées récemment dans l'angle nord-ouest de cette salle basse, ont mis à découvert un large escalier d'une quinzaine de marches qui aboutit à un caveau inférieur, presque complètement comblé par les terres et dont les murailles sont en partie disparues. Dans la muraille de droite, seule subsistante, s'ouvre une arcade qui semble conduire à un autre caveau de petite dimension également rempli de terre.

On a émis l'opinion qu'un couloir partant de ce caveau conduisait à la crypte de l'église, c'est de toute impossibilité, car le niveau de ce caveau est au moins de huit mètres inférieur à celui de la crypte, et d'ailleurs, une excavation, creusée dans le sol de celle-ci, n'a amené aucune découverte tendant à justifier l'existence d'un passage sou-

---

1 Elle est actuellement au dessous des écuries d'un hôtel voisin de l'église

terrain. On a dit aussi qu'un conduit secret allait de la salle basse du Prieuré au château de Maule, qui dressait sa masse imposante sur l'emplacement de l'Hôtel-de-Ville actuel ; c'est vouloir introduire le mystérieux là où il n'y avait qu'une question d'alimentation, et nous voyons dans ces souterrains des réceptacles bien conditionnés où les bons moines de Maule serraient leurs provisions de choix.

Malgré les sommes considérables dépensées depuis un demi-siècle pour restaurer l'église de Maule, il reste encore beaucoup à faire pour lui rendre son ancien caractère. Dans son rapport du 6 août 1884, que nous avons déjà cité, l'architecte Saint-Anne Louzier demandait, pour l'avenir, la restauration de la crypte, la reprise des socles et bases des colonnes du chœur, la démolition des voûtes actuelles du chœur et leur remplacement par des voûtes d'un style plus en rapport avec l'âge et le caractère de l'église, le rétablissement du triforium et des baies dans le mur sud de la nef, enfin, la reconstruction du transept nord sur l'emplacement de la maison accolée à l'église.

Sans aller aussi loin dans la voie de la reconstruction, nous émettons le vœu que la maison qui s'appuie au sanctuaire soit abattue, de même la petite construction qui le masque du côté sud ; ces deux bâtisses étant supprimées, l'église serait complètement isolée et gagnerait beaucoup comme aspect ; enfin, que les trois baies de la crypte soient rendues à leur emploi primitif et que la couche de badigeon qui recouvre l'intérieur de la nef soit enlevée. Ces deux dernières modifications peuvent être exécutées à peu de frais et dans un court délai.